BEI GRIN MACHT SICH IHR WISSEN BEZAHLT

- Wir veröffentlichen Ihre Hausarbeit, Bachelor- und Masterarbeit

- Ihr eigenes eBook und Buch - weltweit in allen wichtigen Shops

- Verdienen Sie an jedem Verkauf

Jetzt bei www.GRIN.com hochladen und kostenlos publizieren

Konzeption eines qualitativen Interviewleitfadens. Reputationsforschung, gruppenbasiertes Interviewverfahren und Gütekriterien der qualitativen Forschung

Lara Sophie Fischer

Bibliografische Information der Deutschen Nationalbibliothek:

Die Deutsche Nationalbibliothek verzeichnet diese Publikation in der Deutschen Nationalbibliografie; detaillierte bibliografische Daten sind im Internet über http://dnb.d-nb.de abrufbar.

ISBN: 9783346491107
Dieses Buch ist auch als E-Book erhältlich.

© GRIN Publishing GmbH
Nymphenburger Straße 86
80636 München

Druck und Bindung: Books on Demand GmbH, Norderstedt Germany
Gedruckt auf säurefreiem Papier aus verantwortungsvollen Quellen

Das vorliegende Werk wurde sorgfältig erarbeitet. Dennoch übernehmen Autoren und Verlag für die Richtigkeit von Angaben, Hinweisen, Links und Ratschlägen sowie eventuelle Druckfehler keine Haftung.

Das Buch bei GRIN: https://www.grin.com/document/1127576

Einsendeaufgabe

Wissenschaftliches Arbeiten – Vertiefung I

Alternative A

vorgelegt von

Lara Sophie

Eingesendet am 29.07.2021

SRH Fernhochschule – The Mobile University

Modul: Wissenschaftliches Arbeiten – Vertiefung I

Studiengang: B. Sc. Psychologie

Gender Disclaimer:

Die Verwendung des generischen Maskulinums in der Einsendeaufgabe wurde aus Gründen der besseren Lesbarkeit gewählt. Weibliche und weitere Geschlechtsidentitäten werden dabei ausdrücklich eingeschlossen.

Inhaltsverzeichnis

Abkürzungsverzeichnis

bzw.............................	beziehungsweise
ggf..............................	gegebenenfalls
usw..............................	und so weiter
etc..............................	et cetera
et al..............................	Et alii entsprich u.a.
überarb...........................	überarbeitet
Aufl..............................	Auflage

Tabellenverzeichnis

1 Konzeption eines qualitativen Interviewleitfadens am Konstrukt Unternehmensreputation

Allgemein versteht man unter dem Begriff Reputation das Ansehen einer Person, einer Gruppe oder einer Organisation. Unternehmensreputation ist die Meinung der Gesellschaft über ein bestimmtes Unternehmen (Eberl, 2006, S.10). Das Konstrukt scheint kein Ergebnis objektiver Beurteilungsprozesse zu sein, sondern wird durch subjektive Erwartungshaltung und Wahrnehmung des Individuums gezeichnet (Gehring, 2016, S. 24). Reputationsforschung geht bis in die 1980er Jahre zurück. Das Konstrukt hat seit der Zeit sehr an wissenschaftlicher Bedeutung gewonnen (Gehring, 2016, S. 20). Grund dafür ist der immer stärker werdende Einfluss der öffentlichen Meinung, der auf die Unternehmen wirkt. Nach Barnett et al. erfüllt dies verschiedene Definitionsansätze. Unter anderem gilt Reputation als Bewusstseinsstatus, Beurteilungsobjekt und als Vermögenswert (Gehring, 2016, S.24). Das Konstrukt erfüllt somit mehrere Funktionen, die für den Erfolg des Unternehmens essenziell sind (Gehring, 2016, S. 48). Dies erlaubt eine Selektion derjenigen Organisationen, Institutionen oder Personen, mit denen Individuen ihre Handlungspläne realisieren wollen. Positive Reputationen fördern bzw. steigern die Auffälligkeit und Besonderheit der Akteure und bieten somit Punkte für zielgerichtete Interaktionen (Eisenegger, 2005, S. 35). Zusätzlich verschafft das Konstrukt Unternehmen Definitions- und Überzeugungsmacht (Eisenegger, 2005, S.35). Diese Macht definiert sich meist an Einflussvermögen, wodurch gesellschaftliche Anerkennungskriterien festgelegt werden und zu bestimmen ist, wer Reputation erhält (Eisenegger, 2005, S.35). Reputation setzt Handlungskapazitäten frei, sodass kein Zwang besteht, die Handlungen der Reputationsträger kontrollieren und überprüfen zu müssen. Dies schafft Vertrauen in funktionsgerechtes, normatives und moralisch korrektes Handeln, vergrößert Handlungsspielräume und schafft Möglichkeiten, sich zu positionieren und legitimiert Machtpositionen zu erreichen (Eisenegger,2005, S.34). Aus diesem Grund besteht heutzutage ein großes Interesse daran, die eigene Reputation des Unternehmens zu kennen und diese positiv zu beeinflussen.

1.1 „Unternehmensreputation" nach dem Modell von Eisenegger 2005

Da die Unternehmensreputation nicht direkt gemessen werden kann, muss ein Konstrukt aufgeschlüsselt werden (Bogner, Littig & Menz, 2014, S.31). Zur Untersuchung der Unternehmensreputation wurde das untenstehende Modell von Eisenegger und Konieczny-Wössner 2010, Tennert 2015 verwendet. Dies sieht eine Unterteilung in drei Dimensionen vor.

Dimensionen	Indikatoren
Funktionale Reputation	• Produkt- und Dienstleistungsqualität
	• Wirtschaftlicher Erfolg
	• Managementqualität / Kompetenz der Führung
	• Innovationsfähigkeit
	• Bedeutung / Marktposition
Soziale Reputation	• Soziale Verantwortung
	• Wohlergehen der Mitarbeiter
	• Ressourcen
	• Umweltmanagement
Expressive Reputation	• Sympathie
	• Faszination der Marke
	• Faszination des Unternehmens

Tabelle 1: Dimensionen und Indikatoren der Unternehmensreputation
Quelle: (Lies, 2015, S. 304-313)

Die funktionale Reputation wird an den Leistungszielen gemessen und gilt als ein Prüfkriterium. Dabei liegt der Fokus auf Dienstleistungs- und Produktqualität ebenso aber auch auf Kundenzufriedenheit und Erfolg des Unternehmens. Der wirtschaftliche Erfolg ist anhand von Kennzahlen zu identifizieren, somit kann die funktionale Reputation objektiv verglichen werden. Die soziale Reputation baut auf gesellschaftlich geteilten Normen und Wertevorstellungen auf, welche für alle Akteure gleichermaßen Gültigkeit hat. Die Täuschung der Öffentlichkeit hat einen Verlust der Glaubwürdigkeit zur Folge. Die letzte Dimension, die expressive Reputation, bezieht sich auf die emotionale Attraktivität und die Authentizität eines Reputationsträgers. Dabei geht es im praktischen Sinne darum, wie faszinierend respektive sympathisch das Unternehmen empfunden wird. Auch darum, inwieweit das Unternehmen sich von anderen abgrenzen bzw. unterscheiden kann. Eine positive Reputation muss somit den Balanceakt zwischen einer Erwartungsanpassung in funktionaler und sozialer Hinsicht und einer Abgrenzung der expressiven Ebene arrangieren. Erst dann können positive oder negative Reputationsentwicklungen erfasst werden, wodurch sich Handlungsempfehlungen für die Unternehmen ableiten lassen (Lies, 2015, S. 310-313).

1.2 Unternehmens- und Stakeholder Auswahl

Für die Messung der Unternehmensreputation wird für die folgende Ausführung ein privates Unternehmen als Untersuchungsobjekt verwendet. Hierbei handelt es sich um ein privatisiertes Krankenhaus XY.

Im Rahmen des Interviews werden folgende Stakeholder befragt:

- *Eigentümer / Aktionäre* (Shareholder)
- *Kunden* (Patienten)
- *Mitarbeiter* (Ärzte, Pflegepersonal, Verwaltungsangestellte etc.)

Shareholder sind Kapitalgeber und Eigentümer des Krankenhauses. Ihr Ziel besteht darin, den Umsatz und den Wert des Krankenhauses zu maximieren. Ein Unternehmen existiert nicht ohne die besagten Shareholder (Becker, W. & Ulrich, 2019, S. 837). Die Kunden respektive die Patienten garantieren die Einnahme des Krankenhauses. Die Bezahlung erfolgt durch die private- oder gesetzliche Krankenversicherung, die die Kosten der Behandlung übernehmen. Fließen aus Sicht der Patienten die Einnahmen in folgende Bereiche: ausreichend Pflegepersonal, neuste Generationen der medizinischen Geräte, Weiterbildung des Personals, Ausstattung des Krankenhauses, wie Kiosk, Ruheräume, Cafeteria usw. Mitarbeiter haben einen großen Einfluss und Einblick in das Unternehmen. Sie werden heutzutage nicht nur als Kostenfaktor gesehen. Durch die internen Blickwinkel der Mitarbeiter bieten diese im Interview Auskunft über die Reputation innerhalb des Unternehmens. Diesbezüglich sind die Mitarbeiter die dritt wichtigste Anspruchsgruppe (Becker, W. & Ulrich, 2016, S. 838-841). Die Stakeholder sind erforderlich um Informationen über die Unternehmensreputation herauszufinden.

1.3 Erstellung des Interviewleitfadens

In einer mündlichen Befragung hat der Interviewleitfaden eine doppelte Funktion, zum einen stellt er den roten Faden der Befragung dar (Strukturierung des Themenfeldes) zum anderen dient der Leitfaden als konkretes Hilfsmittel in der Erhebungssituation (Bogner & Littig, Menz, 2014, S.27). Ein Interviewleitfaden hat eine bestimmte Struktur, um die einzelnen Phasen des Interviews voneinander abzugrenzen. Ein halbstrukturiertes Interview beinhaltet offene Fragen, die Interviewten können frei antworten, solange alle relevanten Themen im Gespräch angesprochen werden. Dies ist zu beachten, um die Vergleichbarkeit der Daten sicherzustellen (Misoch, 2019, S.34). Nach der Begrüßung, gibt es eine sogenannte Informationsphase, in dieser Phase wird der Interviewte über die Studie, deren Zielsetzung und die vertrauliche Behandlung der Daten informiert. Außerdem wird die Einverständniserklärung unterzeichnet. Ohne die Unterzeichnung der Einverständniserklärung sollte das Interview nicht geführt werden. Der Interviewer beginnt das Interview mit einer kurzen Aufwärmphase. Dies ermöglicht dem Befragten den Einstieg in das Gespräch zu erleichtern und die Hemmungen zu nehmen. Von Anfang an soll eine angenehme, offene und vertrauensvolle Gesprächsatmosphäre hergestellt werden um die Angst vor „richtigen" oder „falschen" Antworten zu nehmen. Eine Frage, bei dem der Befragte nicht lange nachgedenken muss oder eine knappe Vorstellung, wäre ein passender Einstieg. In der Hauptphase des Interviews werden nach kurzen Warm-up Fragen die relevanten Themen erörtert (Misoch, 2019, S. 107-108). Der Hauptteil stellt das Wesentliche des Interviews dar. Dabei werden offene Fragen verwendet, sodass der Befragte freiweg und vielseitig auf die Fragen antworten kann. Eine Anpassung der Fragen während der Unterhaltung ist vorstellbar, um vermehrte Informationen von dem Befragten zu erlangen. Eröffnet wird der Hauptteil mit der Dimension „Funktionale Reputation". Das Item „Dienstleistungsqualität" soll in Frage eins erfasst werden. Die Beurteilung der Frage zur Behandlung im Krankenhaus XY wird vor allem von Patienten, in dem Fall Kunden beurteilt. Frage eins bezieht sich folglich nicht nur auf die eigene Erfahrung, sondern auch auf Erfahrungsberichte Dritter. Dadurch wird die Kundenbewertung mithilfe von direkten oder indirekten Erfahrungsberichten erfasst (Bruhn, 2013, S.115). Eine Beurteilung der „Dienstleistungsqualität" ist meist subjektiv und wird durch eigene Vorlieben und Erwartungsvorstellungen geprägt. Ergibt sich aus der Meinung der Kunden eine positive oder gar hohe Kundenzufriedenheit, ist darauf zu schließen, dass das Krankenhaus XY einen guten Standard an Qualität vorzuzeigen hat. Die zweite Frage beinhaltet die Anschauung des Befragten zum wirtschaftlichen Erfolg des Krankenhauses XY. Das Bestehen des Krankenhauses XY ist maßgeblich abhängig vom wirtschaftlichen Erfolg. Demnach spielen Umsätze, Gewinne und die Kostenstruktur eine essentielle Rolle und werden anhand dieser Frage beantwortet. Außerdem ist davon auszugehen, dass eine hohe Kundenzufriedenheit für gute Qualität spricht, diese wiederum mit Erfolg assoziiert wird und das Unternehmen eine hohe Popularität widerspiegeln kann. Die nächste Frage bezieht sich auf die Entscheidungsqualität des Managements und deren Leistungserfassung, die Frage zielt darauf ab, Anhaltspunkte über die Führung und Kompetenz des Managements zu erhalten. Kunden können die Führung des Managements teilweise nur rückführend auf das Verhalten und Wissen der Mitarbeiter führen. Bei Mitarbeitern und Shareholdern kann noch intensiviert werden, in welchem Maße das aktuell präsente Führungsverhalten, das Image, nach außen hin beeinflusst. Woraufhin das Management bzw. die Stakeholder die Qualitätseinschätzung durchführen können (Becker, F., 2015, S. 36-41). „Innovation" bedeutet für das Krankenhaus XY Fortschritt, eine Neuerung in einem System, durch Anwendung neuer Ideen und Techniken. Diese „Neuerung" kann ein Differenzieren gegenüber der Konkurrenz sein (Möhrle, 2018). Die letzte Frage der ersten Dimension befasst sich mit der Bedeutung des Krankenhauses XY respektive mit deren Marktposition. Die Marktposition definiert sich darin, wie Kunden ein Unternehmen zur Konkurrenz sehen und vor allem, wie sich das Unternehmen gegen seine Konkurrenz behauptet (Kreutzer, 2018, S. 104-106). Die Differenz zu anderen Unternehmen kann als positiv oder negativ gesehen werden und ggf. eine Schlussfolgerung auf den Erfolg oder Misserfolg gezogen werden. Die zweite Dimension „soziale Reputation" leitet die erste Frage der sozialen Verantwortlichkeit des Krankenhauses XY gegenüber der Gesellschaft ein. Herauszufinden gilt, ob die Erwartungen der Gesellschaft vom Krankenhaus XY getroffen werden und wie die Befragten das Bewusstsein des Unternehmens im Hinblick auf die Kunden einschätzen und beschreiben würden. In diesem Fall spielt der Ablauf von Operationen, die Auswahl von qualitativ hochwertigen Implantaten und anderen Medikamenten usw. eine große Rolle. Eine Nachfrage über die detaillierten Arbeitsbedingungen und ggf. die Ergreifung von Maßnahmen, um das

Wohlergehen der Mitarbeiter einschätzen zu können, ist essentiell. Für ein Unternehmen sollte das Wohlergehen der Mitarbeiter an hoher Stelle stehen, da zufriedene Arbeitnehmer effektivere Arbeit leisten, Spaß an der Arbeit haben und somit weniger Fehlzeiten im Unternehmen vorweisen. Dies führt wiederum zu einem größeren Erfolg des Unternehmens. „Ressource" ist ein Begriff, der breit gefächert ist, dabei wird nach der Wirtschaftlichkeit und der Ökologie gefragt. Ferner, geht es darum herauszufinden, wie das Krankenhaus mit immer knapper werdenden Ressourcen umgeht. Zugleich kann das Thema Umweltmanagement/Nachhaltigkeit an das Gespräch angeknüpft werden, da diese beiden Komponenten sehr ineinander verwickelt sind (Witting, 2017, S. 59). Schlussendlich folgt die Dimension der „expressiven Reputation". Hierbei muss der Befragte eine Bewertung der Sympathie des Krankenhauses vornehmen. Vorstellbar ist, dass es dem Befragten schwer fällt für ein Unternehmen eine Charaktereigenschaft wie „Sympathie" zu empfinden. Aus diesem Grund kann sich der Befragte das Unternehmen als Person vorstellen, um dem Befragten die Bewertung der Sympathie und weiteren Charaktereigenschaften zu vereinfachen und diese abschließend zu benennen. Die Zuschreibung von Charaktereigenschaften kann am ehesten zeigen, ob der Befragte gegenüber dem Krankenhaus positiv, neutral oder negativ eingestimmt ist. Zusätzlich abzuleiten sind diverse Emotionen. Die letzte Frage schließt eine Beurteilung des Unternehmens, des Krankenhauses XY ein. Dies gib die Möglichkeit den Standpunkt des Befragten herauszufinden, ob dieser positiv oder negativ ist, was wiederum einen Rückschluss auf die Unternehmensreputation ermöglicht (Wittig, 2017, S. 59-60). In der Abschlussphase wird das Interview nochmals reflektiert und der Befragte hat die Möglichkeit ein abschließendes Statement zu geben und ggf. weitere Gedanken zu ergänzen. Die Abschlussfragen zielen darauf ab, wichtige Aussagen des Befragten von Missverständnissen zu befreien und Ergänzungen hinzuzufügen. Durch die Frage nach Anmerkungen zur Verbesserung des Krankenhauses XY wird erfasst, in welchen Bereichen das Krankenhaus XY eine negative Reputation erhält (Misoch, 2019, S. 66-67). Die Abschlussphase hat auch die Funktion, den Befragten aus der Befragungssituation hinauszuführen und das Ende des Interviews zu signalisieren. Bei einem qualitativen Interview handelt es sich teilweise um ein eine intensive Erfahrung, daher ist es notwendig, wieder aus dieser besonderen Situation in den Ausgangszustand zurückzukehren (Misoch, 2019, S. 109).

1.4 Vorgehen einer empirischen Untersuchung

Die qualitative Befragungsstudie beginnt mit einer inhaltlichen Auseinandersetzung. Zunächst sollte recherchiert werden, was Unternehmensreputation ist und wodurch diese definiert ist. Dies kann mit Hilfe von Fachliteratur geschehen. Anschließend sollte eine Auseinandersetzung mit der Frage, welche der qualitativen Interviewtechniken für die Forschungsfrage und Zielgruppe am angemessensten sind erfolgen (Helfferich, 2011, S. 168). Die qualitative Forschung befasst sich nur selten mit Forschungsfragen, deren Ziel die Repräsentativität der Stichprobe auf die Grundgesamtheit beinhaltet. Stichproben werden bewusst ausgewählt. Ziel ist es die Stichprobe zu definieren, um für die Fragestellung den größtmöglichen Erkenntnisgewinn erbringen zu können (Echterhoff et al., 2013, S.241). In der Regel umfassen Leitfadeninterviews eine Stichprobengröße von rund 10-20 Personen (Bortz & Döring, 2016, S. 373). Da jedoch die öffentliche Meinung das Konstrukt der Unternehmensreputation widerspiegelt, kann hierbei eine größere Stichprobenwahl von bis zu 200 Personen sinnvoll sein. Diese Stichprobenauswahl muss repräsentativ für die drei wichtigsten Stakeholder sein, aus diesem Grund bildet die Gruppe der Shareholder die kleinste Befragungseinheit, mit 5-10 Befragten. Die Patienten (Kunden) bilden die größte Befragungsgruppe, mit 160 Befragten. Die Mitarbeiter schließen sich mit einer Befragungsgruppe mit 30-35 Personen an. Das Unternehmen arbeitet primär mit den beiden Stakeholdern, Patienten und Mitarbeitern zusammen. Diese sind besonders wichtig für den Unternehmenserfolg und können eine fundierte Rückmeldung zur wahrgenommenen Unternehmensreputation geben. Zusätzlich sollte bei Mitarbeitern und Patienten eine Fallauswahl stattfinden, um alle Bereiche zu erfassen. Anschließend erfolgt die Überlegung, wer das Interview leitet, welche Interviewfragen gestellt werden und welche Interviewform verwendet wird. Das Interview sollte im Vorfeld in Form eines Rollenspiels erprobt und geschult werden, um wichtige Kompetenzen zu vermitteln (Bortz & Döring, 2016, S. 365). Probleme bei der Interviewdurchführung werden ggf. entdeckt und Lösungsalternativen werden vorgeschlagen. Um ein Interview mit Befragten führen zu können müssen Befragungspersonen rekrutiert werden, die den Kriterien der Fallauswahl entsprechen. Die

Befragungspersonen, in dem Fall Mitarbeiter und Patienten können direkt im Krankenhaus angesprochen werden. Aktionäre/ Eigentümer können anderweitig rekrutiert werden. Die Interviews können beginnen, sobald die Anzahl an Befragungspersonen erreicht wurde (besser mehrere Befragungspersonen finden) und die Festlegung von Zeitpunkt und Ort feststeht (Bortz & Döring, 2016, S. 365-369). Um eine entspannte Atmosphäre während des Gesprächs zu erlangen, sollte das Aufzeichnungsgerät möglichst nicht sichtbar sein, da dies Hemmungen beim Sprechen verursachen kann. Während des Interviews ist es wichtig, dass der Interviewer einen Überblick über die Dauer und den Leitfaden des Interviews hat. Der Interviewer kann während des Gesprächs weitere Fragen stellen, um detailliertere Antworten zu erlangen. Nach dem Gesprächsende wird das Postskriptum angefertigt, in dem die Gesprächsatmosphäre und weitere Punkte notiert werden. Anschließend folgt die Transkription, dies ist die Verschriftlichung der Audioaufzeichnung, mittels einer Transkriptionssoftware. Zu beachten sind dabei die Transkriptionsregeln und das Transkriptionssystem. Im Anschluss daran, findet die Analyse der Transkripte statt. Qualitative Interviews werden mithilfe qualitativer Datenanalyseverfahren ausgewertet, die gewisse Glaubwürdigkeitskriterien/ Gütekriterien beinhalten. Zuletzt wird das ausgewertete Material dem Auftraggeber vorgelegt und die Archivierung des Materials beginnt. Dabei müssen die aktuellen Datenschutzbestimmungen eingehalten werden (Bortz & Döring, 2016, S. 365-369).

2   Gruppenbasiertes Interviewverfahren

Das Interview gehört in der Psychologie zu den gängigsten Verfahren der qualitativen Forschung (Breuer et al., 2017, S. 262-270). Das qualitative gruppenbasierte Interviewverfahren ist ein Interview, das nicht nur mit Einzelpersonen, sondern mit Gruppen durchgeführt wird (Misoch, 2019, S. 197).

2.1   Merkmale gruppenbasierter Interviewverfahren

Eine Gruppe ist im soziologischen Sinne, als ein zueinanderstehen von Menschen in einer sozialen Beziehung, die sich durch gleiche Werte, Normen und einem Zusammengehörigkeitsgefühl definieren. Zum Zweck der Datenerhebung muss jedoch beachtet werden, das nicht nur Gruppen im soziologischen Sinne befragt werden, sondern auch Gruppen von Personen, die nur temporär als Gruppe bezeichnet werden (Misoch, 2019, S. 197). Aus diesem Grund gibt es verschiedene Arten von Gruppen:

- *Realgruppen:* die Gruppe kann unabhängig von der Datenerhebung als Gruppe bezeichnet werden und gilt damit im soziologischen Sinne als Gruppe, die über einen längeren Zeitraum hinweg im Kontakt steht
- *Künstliche Gruppen:* diese Gruppen sind nur für die Datenerhebung zusammengestellt
- *Milieugruppen:* dies sind Gruppen, die für Gruppendiskussionen zur Erhebung kollektiver Orientierungen eingesetzt werden, die Personen kennen sich nicht, sind aber durch eine gleiche soziale Lage definiert
- *Homogene Gruppen:* werden Gruppen genannt, deren Teilnehmer im Hinblick auf die Untersuchung nach gemeinsamen Merkmalen ausgewählt werden
- *Heterogene Gruppen:* sind Gruppen, bei denen die relevanten Merkmale der Teilnehmer sich für die Fragestellung der Untersuchung unterscheiden

Folglich gibt es drei verschiedene Methoden der Datenerhebung in Gruppen: Gruppendiskussion, Fokusgruppe und Gruppeninterview. Diese Methoden werden seit langem für gruppenbasierte Datenerhebung in der Markt- und Meinungsforschung genutzt, jedoch erst seit kurzem in der empirischen Sozialforschung (Misoch, 2019, S. 199). Da nachfolgend ein gruppenbasiertes Interviewverfahren vorgestellt wird, wird anschließend darauf eingegangen.

2.2 Anwendungsfelder gruppenbasierter Interviewverfahren

Folgende Anwendungsfelder gruppenbasierter Interviewverfahren werden vorgestellt (Misoch, 2019, S. 215,216):

- *Praxisorientierte Forschung*
- *Markt- und Meinungsforschung*
- *Grundlagenforschung (z.B. explorative Untersuchungen)*
- *Meinungsanalyse/Analyse von Akzeptanz*
- *Erhebung von verbalen Daten*

2.3 Vor- und Nachteile gruppenbasierter Interviewverfahren

Im Anschluss werden gruppenbasierte Vor- und Nachteile gestaffelt:

Vorteile	Nachteile
• Erhebung von verschiedenen Meinungen zum gleichen Zeitpunkt	• Mögliche Beeinflussung durch Gruppenmitglieder
• Spontanes antworten / interagieren	• Tiefe der Einstellung und Erfahrungen bei Einzelinterviews höher
• Analyse des Gruppenverhalten	• Mögliche Beeinflussung durch Gruppenmoderator
• Zeit- & Personalersparnis	• Auswertung aufwendig und komplex
• Aufdeckung von Widersprüchen oder Unklarheiten	• Anfälliger für Verzerrungen und Störungen
• Gemeinsame Sichtweisen erfassen	• Inferenzschluss auf Bevölkerung nicht möglich
• Erfassung latenter Meinungen	• Ausschlussgefahr
• Interview kann gelenkt werden	• Interpretation der Ergebnisse aufwendig
• Mimik und Gestik sichtbar	• Ohne Datenerhebung wenig valide

Tabelle 2: Vor- und Nachteile gruppenbasierter Interviewverfahren
Quelle: Eigene Darstellung in Anlehnung an (Baur & Blasius, 2019, S. 745-754; Bortz & Döring, 2016, S. 379; Misoch, 2019, S. 137-154)

2.4 Fokusgruppe als gruppenbasiertes Interviewverfahren

Um einen spezifischeren Einblick in gruppenbasierte Interviewverfahren zu erlangen wird im Folgenden das Thema Fokusgruppen beschrieben. Fokusgruppe als gruppenbasiertes Interviewverfahren heranzuziehen, stammt aus den USA und wurde 1956 von Merton, Fiske und Kendall entwickelt. Diese Renovation entstand im Rahmen der Entwicklung von Methoden zur Analyse der Propagandawirkung (Misoch, 2019, S. 200). Die Methode etablierte sich ab den 1960er-

Jahren in der Marktforschung. Jedoch wird diese Form der Befragung selten im deutschsprachigen Raum verwendet, zunehmend jedoch in der Gesundheitsför- derung, Gesundheitswissenschaften und im Sozialwesen. Gruppenverfahren dienen vor allem der Erhebung von Meinungen und Einstellungen. Unter Fokus- gruppen fasst man alle Gruppenverfahren zusammen, die anhand eines Leitfa- dens respektive eines moderierten und strukturierten Verfahrens verfahren. Zu- sätzlich müssen die Gruppeninteraktionen zeitlich begrenzt und thematisch ori- entiert sein. Die Befragten werden anhand bestimmter Kriterien vorab zusam- mengestellt um mittels eines Stimulus das Thema zu initiieren. Dieser Stimulus wird zu Beginn in Form eines Bildes, Films, Zeitungsartikel usw. dargestellt. Die daraufhin entstehenden Gruppeninteraktionen dienen als Datenbasis der Aus- wertung. Mit Hilfe eines Moderators wird die Diskussion geleitet. Ziel der Fokus- gruppe ist die Meinung und Einstellungen von Personen zu untersuchen (Misoch, 2019, S. 201). Ein wichtiges Kriterium, welches die Fokusgruppe scharf von an- deren gruppenbasierten Interviewverfahren abgrenzt ist die thematische Fokus- sierung anhand eines konkreten Stimulus. Jedoch sind einige Autoren der Mei- nung, dass davon auszugehen ist, dass eine Fokusgruppe durch den Fokus auf ein bestimmtes Thema definiert wird (Misoch, 2019, S. 202).

Folgende Merkmale gliedern das Thema Fokusgruppe (Misoch, 2019, S. 202,203):

- Ist eine Methode zur Erhebung von Daten
- Die Gruppeninteraktion stellt die Datenquelle dar
- Gruppe besteht aus 6-10 Personen
- Die Diskussion ist auf ein Thema fokussiert
- Die Diskussion wird durch einen Stimulus initiiert
- Die Fokusgruppe wird moderiert
- Der Moderator nimmt eine aktive Rolle ein
- Vorab Erstellung eines Leitfadens auf Basis dessen Moderierung der Gruppe
- Dauer 1-2 Stunden

Einsatzbereiche, in denen sich die Fokusgruppe bewährt hat sind zum einen Testverfahren. In diesem Bereich geht es um die Wirkung und Untersuchung be- stimmter medial vermittelter Inhalte. Vorzufinden sind diese in Testverfahren, im

Rahmen von Marktforschungsstudien. Zum anderen haben sich Fokusgruppen in Meinungsvielfalten bestätigt, zur Eruierung an Meinungen einer bestimmten Themenstellung. Akzeptanzanalyse, Konfliktschlichtung und Evaluation stellen ebenso einen Einsatzbereich dar. Die Methode, ist meist nicht isoliert vorzufinden. Es wurde herausgefunden, das bessere Ergebnisse erzielt wurden, wenn die Befragten im Hinblick auf deren sozioökonomische und demografische Aspekte homogen sind, da diese die Kommunikationsbereitschaft der Teilnehmenden erhöhen (Misoch, 2019, S. 206). Ein zusätzlicher gemeinsamer Erfahrungshintergrund führt dazu, dass die Antworten ehrlicher und offener sind (Schulz, 2012, S. 14). Um die Meinungsvielfalt divergenter Gruppen zu untersuchen, werden bevorzugt heterogene Gruppe verwendet (Misoch, 2019, S.206). Die Durchführung der Fokusgruppe gliedert sich in drei Hauptphasen, die Vorbereitungsphase (1-6), die Durchführungsphase (7) und die Auswertungsphase (8) (Misoch, 2019, S. 206). Die folgende Tabelle erläutert die drei Hauptphasen.

Ablaufmodell von Fokusgruppen

1. Forschungsfrage und Forschungsdesign	Festlegung der zu bearbeitenden Forschungsfrage und Festlegung des Forschungsdesigns
2. Bestimmung der Gruppe	Bestimmung der für die Forschungsfrage am besten geeigneten Gruppe (homogen, heterogen, Realgruppe etc.)
3. Moderatorauswahl und -ausbildung	Auswahl des Moderators und Schulung des Moderators
4. Leitfadenerstellung, Stimulusfestlegung	Erarbeitung des Leitfadens für die Durchführung der Fokusgruppe und Festlegung des Stimulus
5. Pretest	Empirische Testung des Leitfadens, des Stimulus und Einübung des Moderators
6. Teilnehmerrekrutierung	Rekrutierung der Teilnehmenden, Terminierung der Fokusgruppe, Informationen zum Forschungsfokus für Teilnehmer; Überrekrutierung notwendig

7. Durchführung der Diskussion, Speicherung und Protokollie-rung	Durchführung der Fokusgruppe, parallele Protokollierung des Prozesses und au-dio(visuelle) Aufnahme der Diskussion
8. Datenanalyse	Auswertung der Daten nach Transkription der audio(visuellen) Daten

Tabelle 3: Ablaufmodell von Fokusgruppen
Quelle: (Misoch, 2019, S. 147)

3 Gütekriterien in der qualitativen Forschung

Gütekriterien in der qualitativen Forschung werden kontrovers diskutiert. Während in der quantitativen Forschung zentrale Gütekriterien, wie Objektivität, Reliabilität und Validität eine methodische Strenge und Kriterien bieten, versucht man in der qualitativen Forschung verbindliche Qualitätskriterien festzulegen (Bortz & Döring, 2016, S. 106,107). Abhängig von verbindlichen Qualitätskriterien geht es bei Gütekriterien darum, die Qualität der Durchführung der Forschung und deren Ergebnisse transparent, wissenschaftlich und aussagekräftig darzustellen. Um qualitative Forschung objektiv nachvollziehbar zu gestalten, muss eine Einigung auf Grundlage einer Bewertung stattfinden (Bortz & Döring, 2016, S. 107). Ein Ansatz der Gütekriterien für die qualitative Forschung ist die Orientierung an den Kriterien der quantitativen Forschung. Kriterien der quantitativen Forschung beinhalten Objektivität, Reliabilität und Validität. Dieser macht sich auch die qualitative Forschung zu Nutzen. Ungeachtet wird jedoch bei der Übertragung der Gütekriterien die Systematik sowie die Definition der quantitativen Gütekriterien nicht präzise verwendet. Dies induziert eine Vermischung der Testgütekriterien der Objektivität und Reliabilität mit den Validitätskriterien wissenschaftlicher Aussagen. Hinzukommend ist fraglich, inwiefern Kriterien für quantitative Forschung, die einem anderen wissenschaftlichen Paradigma folgen, angemessen für die qualitative Forschung sind (Bortz & Döring, 2016, S. 107). Ein alternativer Ansatz zur Erfassung der Gütekriterien zielt darauf ab, aus der Logik qualitativer Forschung eigene Gütekriterien und Techniken zu entwickeln. Daraufhin folgte eine Vielzahl an Kriterienkatalogen, die wiederum zu einer Unübersichtlichkeit der Gütekriterien führte. Leider gibt es bis Heute noch keinen Konsens über die wichtigsten Gütekriterien (Bortz & Döring, 2016, S. 107). Einige Forscher haben Zweifel darüber, ob eine Möglichkeit bestünde, einen einheitlichen Kriterienkatalog für das gesamte Feld der qualitativen Sozialforschung zu formulieren. Sie sind der Meinung, dass qualitative Forschung in ihrer Vorgehensweise und in ihrer wissenschaftlichen Grundlage ausdifferenziert ist. Außerdem wird befürchtet, dass Offenheit und Flexibilität durch Qualitätskriterien eingeengt werden, an die sich die Forscher halten sollen. Daraus ergeben sich zwei unterschiedliche Wege. Auf der einen Seite einen Kriterienkatalog, der individuell auf die entsprechende Studie abgestimmt wird und auf der anderen Seite das Infragestellen des Kriterienkatalogs, nachdem Alternativen für die Bewertungspraxis gesucht werden (Bortz & Döring, 2016, S. 107). Abschließend wurden bis heute keine allgemeinen respektive zufriedenstellenden Gütekriterien für die qualitative Forschung gefunden.

3.1 Vier Kriterien der Glaubwürdigkeit von Lincoln und Guba (1985)

Die US-amerikanische Erziehungswissenschaftlerin Yvonne Lincoln und ihr Kollege Egon Guba veröffentlichten einen Kriterienkatalog der in der internationalen Fachliteratur am häufigsten zitiert wurde. Glaubwürdigkeit ist nach Licoln und Guba ein wichtiges Kriterium der qualitativen Forschung. Wichtig dabei ist, dass der Leser der Studie Glauben schenken kann. Zusätzlich wurden vier Kriterien der Glaubwürdigkeit konzipiert: *Vertrauenswürdigkeit, Übertragbarkeit, Zuverlässigkeit und Bestätigbarkeit.* Lincoln und Guba greifen auf die Validitätstypologie der Campbell-Tradition und auf Gütekriterien der Objektivität, Reliabilität und Validität. Sie grenzen sich jedoch durch die Festlegung eigener Kriterien davon ab. Auf klare Standards wird verzichtet, anhand denen einzuordnen wäre, welche Bedingungen die Sicherung der Gütekriterien effektiv umsetzen würden (Bortz & Döring, 2016, S.108, 110). Nachfolgend werden die vier genannten Aspekte der Glaubwürdigkeit von Lincoln und Guba ausführlicher erläutert.

Vertrauenswürdigkeit stellt den wichtigsten Indikator in Bezug auf Glaubwürdigkeit dar und ist in der quantitativen Forschung mit dem Kriterium der internen Validität gleichzusetzen. Validität bedeutet in der quantitativen Forschung die Gültigkeit von Daten. Nach Lincoln und Guba, gibt diese den Wahrheitsgehalt der Studie an und untersucht, inwieweit der Leser respektive das Publikum den Ergebnissen der Studie vertrauen kann (Bortz & Döring, 2016, S. 109). Um Vertrauenswürdigkeit zu steigern können diverse Techniken herangezogen werden. Zum einen ist eine umfassende Datenerhebung notwendig. Empfehlenswert dafür sind diverse Daten, Methoden und Forschende zu kombinieren und diese Forschenden lange im Feld zu halten. Außenstehende Fachkollegen können für eine Nachbesprechung der Studie herangezogen werden, um Rückmeldung zu erhalten. Ebenso das weitere Überprüfen der Interpretation anhand der Rohdaten, dabei ist sinnvoll mit Probanden in Rücksprache zu stehen. Um die Vertrauenswürdigkeit gewährleisten zu können, sollten folgende Schritte vom Forschenden eingehalten werden (Bortz & Döring, 2016, S. 109, zitiert nach Schou et al., 2012, S. 2090):

1. Das Ziel wurde deutlich beschrieben.
2. Die Methode wurde beschrieben.
3. Die Wahl der Methode wurde erläutert.
4. Die Methoden dienen dem Zweck.
5. Eine Beschreibung, wie die Daten erhoben / registriert wurden.
6. Triangulation wurde angewendet.
7. Der Forschungsprozess wurde beschrieben.

In der qualitativen Forschung geht es bei dem Kriterium der Verlässlichkeit nicht um die Replizierbarkeit von Studien (Reliabilität). Vielmehr um einen nachvollziehbar gestalteten und durchlaufenen Forschungsprozess. Der wiederum Verlässlichkeit der Daten vorzuweisen hat. Das wichtigste Kriterium der Zuverlässigkeit ist die Konsistenz. Die Frage dahinter ist inwieweit gleiche Ergebnisse erzielt werden, wenn die Studie identisch repliziert werden würde. Dabei geht es um die Prüfung der Daten und um die Transparenz der Durchführung. Um diese Frage beantworten zu können, kann ein Forschungs-Audit eingesetzt werden. Dies beinhaltet vom Forschungsteam die detaillierte Erläuterung und Begründung der Vorgehensweise gegenüber Experten. Zusätzlich kann die Zuverlässigkeit durch Triangulation geprüft werden. Die Prüfung der Zuverlässigkeit kann durch folgende Punkte gegeben werden:

1. Eine durchdachte Verbindung zwischen Daten und Themen wird beschrieben.
2. Der Prozess der Analyse wird beschrieben.
3. Eine Beschreibung der Ergebnisse wird getätigt.
4. Die Ergebnisse sind glaubwürdig.
5. Jedes Zitat unterstützt die Interpretation und wurde ausgewählt.

6. Eine Übereinstimmung ist zwischen Forschung und Schlussfolgerung vorhanden.

Die Reliabilität wird als Kriterium der quantitativen Sozialforschung verwendet (Bortz & Döring, 2016, S. 109, zitiert nach Schou et al., 2012, S. 2090).

Das Kriterium der Glaubwürdigkeit in der qualitativen Forschung beinhaltet die Bestätigbarkeit. In der quantitativen Sozialforschung wird dies als Objektivität betrachtet. Dabei ist zu beachten, dass Ergebnisse, die erzielt werden vom Forschenden und dem Forschungsprozess unabhängig sein müssen. Der Forschende ist dazu verpflichtet Vorurteile, Interessen und Perspektiven außen vor zu lassen, um die Studie nicht zu beeinflussen. Ansonsten ist keine Bestätigbarkeit gewährleistet. Ein Forschungs-Audit bestätigt dabei die Sicherung der Glaubwürdigkeit. Folgende Punkte werden beim Forschungs-Audit überprüft:

1. Der Forschende hat seine Vorkenntnisse, Wahrnehmung und Hintergrund beschrieben.
2. Es gibt Belege / Hinweise zur Theorie.
3. Es wird beschrieben, ob Themen aus Daten identifiziert wurden oder im Voraus formuliert wurden.
4. Es wird beschrieben, wer die Daten erhoben hat.
5. Es wird beschrieben, wie der Forscher am Prozess teilgenommen hat.
6. Der Forscher hat beschrieben, wie und ob seine Position im Hinblick auf die Ergebnisse relevant ist.

Wurden diese Kriterien eingehalten, gilt die Bestätigbarkeit (Bortz & Döring, 2016, S. 109, zitiert nach Schou et al., 2012, S. 2090). Die Übertragbarkeit von Ergebnissen aus Studien auf andere Kontexte bezeichnet man als Übertragbarkeit. Dieses Kriterium wird erreicht, indem Gesichtspunkte der Studie detailliert beschrieben werden. Folgende Voraussetzungen haben die Forschenden, wenn Sie die Einhaltung der Übertragbarkeit garantieren möchten:

1. Die Auswahl der Informationen oder Quellen werden beschrieben.
2. Eine Beschreibung der Information ist gegeben.
3. Eine Begründung der Auswahl an Information wird beschrieben.
4. Der gesamte Kontext wird beschrieben.

5. Die Beziehung zwischen Forscher und Kontext und Informationen wird beschrieben.

In der quantitativen Sozialforschung kann die Externe Validität mit dem Kriterium
der Übertragbarkeit verglichen werden (Bortz & Döring, 2016, S. 109, zitiert nach
Schou et al., 2012, S. 2090). Ein wichtiger Punkt, der zu beachten gilt, ist die sehr
anspruchsvolle Technik zur Sicherstellung der qualitativen Gütekriterien (Bortz &
Döring, 2016, S. 110,111). Für eine Veranschaulichung werden die vier Gütekriterien von Lincoln und Guba auf die qualitative Inhaltsanalyse übertragen.

3.2 Anwendung der Gütekriterien auf die qualitative Inhaltsanalyse

Die qualitative Inhaltsanalyse, eine Standardmethode in den Sozialwissenschaf-
ten, ist eine Auswertungsmethode, die Inhalte eines Interviews oder eines Textes
zusammenfasst, aufbereitet und analysiert (Jacob & Renner, 2020, S. 98, 99).
Rückschlüsse auf bestimmte Aspekte der Kommunikation zu ziehen ist ein Ziel
der Inhaltsanalyse. Eine genaue Definition der qualitativen Inhaltsanalyse wirft
Schwierigkeiten auf, da die Inhaltsanalyse sich nicht ausschließlich mit der Analyse des Inhalts von Kommunikation beschäftigt (Mayring, 2015, S. 11-13). Um
diese Inhalte mit inhaltsanalytischen Regeln beschreibbar und überprüfbar zu gestalten, muss eine schrittweise Kodierung der Inhalte durchgeführt werden. Der
erste Schritt einer qualitativen Inhaltsanalyse ist die Auswahl derjenigen Text-
teile, die in die Inhaltsanalyse einbezogen werden sollen. Jedoch sollte dabei
zuvor die Neutralität des Forschenden garantiert sein. Hilfreich kann dabei das
Aufschreiben von Vorkenntnissen und die Einstellung sowie Beziehung zu den
Befragten sein. Zusätzlich sollten jegliche Probanden der Interviewsituationen
über das Ziel respektive den Zweck der Befragung, den Kontext etc. aufgeklärt
werden. Diese dichte Beschreibung der befragten Person legt den Grundstein
der Übertragbarkeit auf andere Personen und Kontexte. Anschließend folgt die
Analyseeinheit. Analyseeinheiten können inhaltlich oder formal festgelegt werden. Dabei werden z.B. Phoneme, Wörter, Satzstrukturen oder Morpheme analysiert (Jacob & Renner, 2020, S.101). Der Wahrheitsgehalt respektive die Vertrauenswürdigkeit wird durch die Analyse und Interpretation akzentuiert. Demzufolge folgt die Kategorienbildung, dies ist die zentralste und schwierigste Phase
der qualitativen Inhaltsanalyse. Die Bildung von Kategorien dient dazu, den Text

zu gliedern und zu komprimieren und vor allem bestätigt es die Nachvollziehbarkeit der qualitativen Inhaltsanalyse. Die Kategorien müssen wichtige Kriterien erfüllen. Diese müssen erschöpfen, saturierend und disjunkt sein (Jacob & Renner, 2020, S. 105). Demzufolge gilt eine gewisse Objektivität, da Kriterien vorgegeben werden, was wiederum für eine Bestätigbarkeit spricht. Um Verlässlichkeit zu versichern, sollte für die verwendeten Kategorien eine nachvollziehbare Entscheidung respektive Argumentation gegeben werden. Das Forschungsteam hat die Möglichkeit, die Kategorienbildung von verschiedenen Mitgliedern des Teams parallel durchzuführen, sprich durch Triangulation. Dies berücksichtigt zusätzlich das Kriterium der Zuverlässigkeit. Bei der Codierung werden bedeutungstragende Phrase den Kategorien zugeordnet. Indem zwei Personen das Datenmaterial durchgehen und die Codierung anhand des Kategoriensystems durchgehen wird eine Intercoder-Reliabilität gewährleistet. Die Codierungen werden miteinander verglichen und ausgewertet und geschaut, inwiefern die Kategorien passend sind. Dies besagt eine hohe Konsistenz respektive Zuverlässigkeit, da eine Triangulation prävaliert. Anschließend erfolgt die Analyse der codierten Passagen. Dabei gibt es verschiedene Verfahren, z.B. die kategorienbasierte Auswertung, die graphische Darstellung oder die Kreuztabellen (Ornau, 2014, S. 45,46). Für eine Übertragbarkeit, Zuverlässigkeit und Bestätigbarkeit sollte genau thematisiert werden, welche Auswertungsmethode genutzt werden sollte. Dabei kann die Triangulation ein weiteres Kriterium der Konsistenz sein, indem mehrere verschiedene Methoden der Auswertung genutzt werden. Bevor eine Ergebnisdarstellung präsentiert wird, können die Ergebnisse der Studie mit außenstehenden Fachkollegen nachbesprochen werden. Außerdem wäre ein Forschungs-Audit sinnvoll, um nicht nur Vertrauenswürdigkeit sondern auch Zuverlässigkeit zu gewährleisten. Bei diesem Forschungs-Audit können Vorgehensweisen, Interpretationen und getroffene Entscheidungen begründet und erklärt werden. Abschließend, ggf. nach Nachjustierung können die Ergebnisse der Studie veröffentlicht werden und die Untersuchung abschließen (Bortz & Döring, 2016, 109,110).

Anlagen

Qualitativer Interviewleitfaden zur Erfassung der Unternehmensreputation des Krankenhauses XY

<u>Begrüßung / Gesprächsbeginn</u>

Zunächst bedanke ich mich, dass Sie sich Zeit für dieses Interview genommen haben. Bevor wir mit dem Interview beginnen, möchte ich mich kurz bei Ihnen vorstellen und Ihnen einen Überblick über das kommende Interview geben.

Mein Name ist Lara Fischer und ich erarbeite im Auftrag des Krankenhauses XY eine Studie zur Erfassung der Unternehmensreputation. Vor allem interessiert mich Ihre Sichtweise der Funktionalen-, Sozialen- und Expressiven Reputation des Krankhauses XY.

Das Interview wird maximal 60 Minuten dauern, sodass wir ausreichend Zeit für dieses Gespräch haben. Bei der Beantwortung der Fragen, die ich Ihnen stellen werde, geht es weder um richtige noch falsche Antworten, sondern um Ihre individuelle Sichtweise bezüglich der Reputation des Krankenhauses. Deshalb bitte ich Sie, die Fragen offen und ehrlich zu beantworten und relevante Informationen in Bezug auf die Fragen nicht zurückzuhalten.

Durch die Einverständniserklärung, die Sie im Vorfeld unterzeichnet haben, haben sie eingewilligt, dass ich unser Gespräch aufzeichnen darf. Anschließend werde ich diese transkribieren. Somit ist eine vollständige Fokussierung auf unser Gespräch möglich. Ihre Daten und Aussagen werden anonymisiert verarbeitet, sodass Rückschlüsse auf Sie nicht möglich sind.

Durchführung des Interviews

Formale und Biografische Angaben der befragten Person

Name des Interviewers	
Name des Interviewten	
Geschlecht	
Stakeholdergruppe	
Ort des Interviews	
Datum des Interviews	
Beginn des Interviews	
Ende des Interviews	

Einstiegsphase

Bitte stellen Sie sich und Ihre Position zum Krankenhaus XY kurz vor.

Leitfragen zur Dimension funktionale Reputation

Welche Erfahrungen haben Sie in Bezug auf ihre Behandlungen im Krankenhaus XY gemacht? → Ggf. Nachfrage: Haben Sie Erfahrungen von anderen Patienten/Mitarbeitern über die Behandlungen des Krankenhauses gehört?

Wie schätzen Sie das Krankenhaus XY auf den wirtschaftlichen Erfolg ein? → Ggf. Nachfrage: Hatte das Krankenhaus in den vergangenen Jahren wirtschaftliche Krisen/ Höhepunkte?

Wie sehen Sie die Entscheidungsqualität des Managements des Krankenhauses in Bezug auf Behandlungen? → Ggf. Nachfrage: Verhalten der Führungskräfte bei Fehlern der Behandlung, strukturierte Abläufe der Behandlungen, Kompetenz der Mitarbeiter usw.

Wie innovativ war/ ist das Krankenhaus, um den eigenen Fortschritt voranzutreiben? → Ggf. Nachfrage: Hat das Krankenhaus bemerkenswerte Studien, Behandlungspläne oder Fortschritte in der Forschung geleistet?

Ist das Krankenhaus XY am Markt führend? → Ggf. Nachfrage: Schafft das Krankenhaus sich gegenüber anderen Mitbewerbern zu behaupten?

Leitfragen zur Dimension soziale Reputation

Erfüllt das Krankenhaus die Erwartungen der Gesellschaft? → Ggf. Nachfrage: Welche Erwartungen hat die Gesellschaft an das Krankenhaus?

Wie schätzen Sie die Arbeitsbedingungen der Mitarbeiter ein? → Ggf. Nachfrage: Schätzt das Krankenhaus XY die Mitarbeiter, fördert das Krankenhaus XY die Mitarbeiter und ergreift das Krankenhaus XY Maßnahmen, um die Bedingungen für die Mitarbeiter zu verbessern?

Fördert das Krankenhaus XY nicht nur medizinische Qualität, sondern auch Wirtschaftlichkeit und Ökologie? → Ggf. Nachfrage: Welche positiven Veränderungen / Stärken hat das Unternehmen erst seit kurzen ausgebaut?

Welchen Beitrag leistet das Krankenhaus XY zum Thema Umwelt? → Ggf. Nachfrage: Wie steht das Krankenhaus XY zum Thema Nachhaltigkeit, fördert das Krankenhaus Nachhaltigkeit?

Leitfragen zur Dimension expressive Reputation

Strahlt das Krankenhaus XY Sympathie für Sie aus? → Ggf. Nachfrage: Welche Charaktereigenschaften verbinden Sie mit dem Krankenhaus?

Wie beurteilen Sie das Krankenhaus XY? → Ggf. Nachfrage: Würden Sie das Krankenhaus weiterempfehlen?

Gesprächsende

Wir sind am Ende des Interviews angelangt. Ich bedanke mich recht herzlich für die Bereitschaft zur Beantwortung der Fragen und Ihrer Zeit. Haben Sie abschließend noch Punkte, die zur Beurteilung der Unternehmensreputation beitragen? Haben Sie Anmerkungen zur Verbesserung des Krankenhauses XY?

Einständniserklärung

Ich erkläre mich damit einverstanden, dass das Interview, geführt von Frau Lara Fischer zur Untersuchung der Unternehmensreputation mitgeschnitten und transkribiert werden darf, um dieses Interview für den angegebenen Forschungszweck nutzen zu können.

Selbstverständlich werden sämtliche Daten vertraulich, im Sinne der aktuellen Datenschutzrichtlinien behandelt, d.h. auch anonymisiert ausgewertet und gespeichert.

Name, Vorname _____

Ort, Datum _____

Unterschrift _____

Literaturverzeichnis

Baur, N. & Blasius, J. (Hrsg.). (2019). *Handbuch Methoden der empirischen Sozialforschung* (2., überarb. Aufl.). Wiesbaden: Springer.

Becker, F. (2015). *Psychologie der Mitarbeiterführung. Wirtschaftspsychologie kompakt für Führungskräfte* (Essentials). Wiesbaden: Springer.

Becker, W. & Ulrich, P. (Hrsg.). (2016). *Handbuch Controlling* (Springer Nachschlage Wissen). Wiesbaden: Springer Gabler.

Bogner, A., Littig, B. & Menz, W. (2014). *Experteninterviews. Eine Einführung in Theorie und Praxis einer Forschungsmethode* (Qualitative Sozialforschung, Aufl. 2014). Wiesbaden: Springer Fachmedien.

Bortz, J. & Döring, N. (2016). *Forschungsmethoden und Evaluation. Für Human- und Sozialwissenschaftler* (5., überarb. Aufl.). Heidelberg: Springer.

Breuer, F., Dieris, B. & Muckel, P. (2017). *Reflexive Grounded Theory – Eine Einführung für die Forschungspraxis* (3., überarb. Aufl.). Wiesbaden: Springer.

Bruhn, M. (2013). *Qualitätsmanagement für Dienstleistungen. Handbuch für ein erfolgreiches Qualitätsmanagement. Grundlagen – Konzepte – Methoden* (9., vollst. überarb. u. erw. Aufl. 2013 07.11). Berlin: Springer.

Eberl, M. (2006). *Unternehmensreputation und Kaufverhalten: methodische Aspekte komplexer Strukturmodelle.* Wiesbaden: Springer Gabler.

Echterhoff, G., Hussy, W. & Schreier, M. (2013). *Qualitative Forschungsmethoden* (2., überarb. Aufl.). Berlin: Springer.

Eisenegger, M. (2005). *Reputation in der Mediengesellschaft. Konstitution – Issues Monitoring – Issues Management.* Wiesbaden: Springer Fachmedien.

Gehring, M. (2016). *Unternehmensreputation und Professional Service Firms. Eine empirische Untersuchung zur Hochschulabsolventenakquise.* Wiesbaden: Springer Gabler.

Helfferich, C. (2011). *Die Qualität Qualitativer Daten: Manual für die Durchführung qualitativer Interviews.* (4., überarb. Aufl). Wiesbaden: Springer Fachmedien.

Jacob, N. & Renner, K. (2020). *Das Interview.* Springer GmbH Deutschland.

Kreutzer, R. (2018). *Toolbox für Marketing und Management.* Wiesbaden: Springer.

Lies, J. (Hrsg.). (2015). *Theorie des PR-Managements. Geschichte – Basiswissenschaften – Wirkungsdimensionen* (FOM – Edition). Wiesbaden: Springer Gabler.

Mack, B., Renn, O. & Schulz, M. (2012). *Fokusgruppen in der empirischen Sozialwissenschaft – Von der Konzeption bis zur Auswertung.* Wiesbaden: Springer.

Mayring, P. (2015). *Qualitative Inhaltsanalyse -Grundlagen und Techniken* (12., überarb. Aufl.). Weinheim und Basel: Beltz Verlag.

Misoch, S. (2019). *Qualitative Interviews* (2., erweiterte und aktualisierte Auflage). Berlin: De Gruyter Oldenbourg.

Möhrle, M. (2018). *Innovation. Definition: Was ist „Innovation"?* https://wirtschaftslexikon.gabler.de/definition/innovation-39624 ,abgerufen am 26.07.2021.

Ornau, F. (2014). *Inhaltsanalyse.* Studienbrief, SRH Fernhochschule. Riedlingen.

Witting, J. (2017). *Gesellschaftliche Verantwortungsübernahme von Unternehmen.* Wiesbaden: Springer.